moses.

Impressum

6. Auflage 2024

Arnoldstraße 13d
47906 Kempen
www.moses-verlag.de

ISBN 978-3-96455-109-2

Text: Carola von Kessel
Schachtel- und Kartendesign: Kreativbunker
Satz: PrePressPro Kirsten Küsters
Lektorat: Karin Bischoff
Produktmanagement: Geesche Oetken

Printed in China.

Illustrationen: Cover: **Christine Thau**; Innenteil: **Shutterstock**: Vlastas (Mücke), Ad libitum (Qualle), chekart (Geld), Tusia (Eiffelturm), Marianna Pashchuk (Biene + Wabe), Viktoria Karpunina (Kürbis), Rouz (Boot), Tartila (Antarktis), lineartestpilot (Ritter), Naci Yavuz (Flyer), Fir4ik (Vulkan), TheBlackRhino (Turm), Jibon (Blauwal), Varlamova Lydmila (Blume), Lorelyn Medina (Wurfscheibe), Tatiana Davidova (Katze), Oxsana Chumakova (Dinos), Alexander_P (Rakete), owatta (Thermometer), Mr.Cheangchai Noojuntuk (Hände), Svetsol (Vogel), TopVectorElements (Spinne), MoreVector (Wikingerboot), ONYXprj (Korallen), RR44 (Fische), Heart Stock (Pfeil), TAW4 (Geige), koi_art (Schweizerin), Jemastock (Berge), Eugenia Petrovskaya (Wal), johavel (Schnabeltier + Ameisenigel), newelle (Fluss), Morphart Creation (Buch), Rvector (Riesenrad), Panda Vector (Schwan), Fesleen (Rafflesie), Padma Sanjaya (Torte), Val_Iva (Palmen), Lituanika (Baum), Akito Hoshino (Feuerwerk), Minur (Flasche)

1 Wie groß war Robert Wadlow, der größte Mensch aller Zeiten?

a) 2,22 m
b) 2,52 m
c) 2,72 m

2 Was entdeckte man in den Grabanlagen des chinesischen Kaisers Quin Shihuangdi (259–210 v. Chr.)?

a) eine Armee von Tonsoldaten
b) eine Herde von Tontieren
c) eine Flotte von Tonschiffen

?

❶ *c)* Eine gesundheitliche Störung ließ Wadlow (1918–1940) so in die Höhe schießen.

❷ *a)* Die sogenannte Terrakotta-Armee bestand aus etwa 8.000 unterschiedlichen Tonfiguren mit einer Höhe von 1,85–2 m. Vermutlich sollten die Tonsoldaten den Kaiser nach seinem Tod beschützen.

❶ Was gilt im südostasiatischen Kambodscha als besonderer Leckerbissen?

a) geröstete Ameisen
b) gebratene Vogelspinnen
c) gebackene Fledermäuse

❷ Was wuchs bei dem deutschen Hobbygärtner Hans-Peter Schiffer mehr als 9 m hoch?

a) eine Brennnessel
b) eine Distel
c) eine Sonnenblume

?

❶ *b)* Die handtellergroßen Spinnen werden mit Knoblauch gebraten. In Kambodscha verdienen viele Menschen ihren Lebensunterhalt mit den Spinnen.

❷ *c)* Im Jahr 2014 stellte Schiffer mit einer 9,17 m hohen Sonnenblume einen neuen Rekord auf.

1 Womit könnte man einen Menschen vergiften?

a) mit grünen Bohnen
b) mit Erbsen
c) mit Mais

2 Welches Gewicht hatte der schwerste bisher gewogene Kürbis?

a) 120 kg
b) 1.200 kg
c) 12.000 kg

❶ *a)* Kaum zu glauben: Grüne Bohnen sind im rohen Zustand giftig und lösen unter anderem Kopfschmerzen und Übelkeit aus. Größere Mengen können sogar zu einer tödlichen Vergiftung führen.

❷ *b)* Mit dem Riesenkürbis stellte der Belgier Mathias Willemijns 2016 einen neuen Weltrekord auf.

1. Wer ist für eine der schnellsten Bewegungen im Tierreich bekannt?
   a) *die Kriebelmücke*
   b) *der Fangschreckenkrebs*
   c) *die Wolfsspinne*

2. Welche Beinspannweite hat die größte Spinne der Erde?
   a) *10 cm*
   b) *20 cm*
   c) *30 cm*

?

❶ *b)* Der Krebs schleudert seine Fangbeine so schnell heraus, dass dabei oft sogar Lichtblitze entstehen. Der Lidschlag eines Menschen dauert etwa 40-mal so lang.

❷ *c)* Die südamerikanische Goliath-Vogelspinne hat einen 12 cm großen Körper und ist mit gestreckten Beinen so lang wie ein langes Lineal.

!

1 Wie lang wäre ein Tunnel durch die Erde von einer Seite zur anderen?

a) etwa 1.300 km
b) etwa 13.000 km
c) etwa 130.000 km

2 Der größte Müllteppich im Meer ist viereinhalbmal so groß wie ...

a) ein Einfamilienhaus
b) Berlin
c) Deutschland

?

❶ *b)* Einen solchen Tunnel kann allerdings kein Mensch graben, weil der Erdkern glühend heiß ist. Das tiefste von Menschen gebohrte Erdloch ist nur 12 km tief!

❷ *c)* In unseren Meeren sammelt sich immer mehr Plastikmüll. Der Müllstrudel „Great Pacific Garbage Patch" nimmt eine Fläche von über 1.600.000 km^2 ein.

!

1 Wie viele Fische passen ungefähr in den Schnabel des Wasservogels Papageitaucher?

a) 3
b) 30
c) 300

2 Wie fängt der Schützenfisch Insekten?

a) Er schießt sie mit Wasser ab.
b) Er hetzt sie aufeinander.
c) Er schnappt sie mit den Flossen.

?

❶ *b)* Der Papageitaucher stapelt die Fische quer in seinem Schnabel und befördert sie so zu seinen Küken.

❷ *a)* Der Schützenfisch ist nach seiner Jagdtechnik benannt. Mit einem Wasserstrahl aus seinem Maul schießt er Insekten von Uferpflanzen, um sie zu verspeisen.

!

❶ Welchem Tier fiel der Krokodiljäger Steve Irwin zum Opfer?

a) einem Rochen
b) einer Schildkröte
c) einem Krokodil

❷ Welche dieser Todesursachen ist weltweit am häufigsten?

a) Blitzschlag
b) Haiangriff
c) Wanzenstich

?

❶ *a)* Der Krokodilexperte und Dokumentarfilmer starb 2006 bei Unterwasseraufnahmen durch den Stich eines Rochens.

❷ *c)* Jährlich sterben etwa 10.000 Menschen an Krankheiten, die Raubwanzen übertragen haben. Blitzschläge sorgen für bis zu 1.000 Todesfälle, Haiangriffe führen bei etwa zehn Menschen zum Tod.

!

1 Wie lang war die längste Menschenkette aller Zeiten?

a) 6,5 km
b) 65 km
c) 650 km

2 In welcher Disziplin stellten fünf Österreicher im Jahr 2016 einen neuen Weltrekord auf?

a) Dauerchatten
b) Dauerfernsehen
c) Dauertelefonieren

❶ *c)* Die längste Menschenkette bestand aus fast zwei Millionen Menschen, die 1989 in Estland, Lettland und Litauen für ihre Unabhängigkeit von der damaligen Sowjetunion demonstrierten.

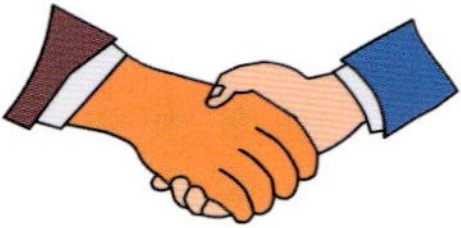

❷ *b)* Nach 92 Stunden vor dem Fernseher hatte das Team den Vorgängerrekord von 91 Stunden geknackt.

1 Welche heute lebenden Tiere gehören streng genommen zu den Dinosauriern?

a) Vögel
b) Krokodile
c) Elefanten

2 Wie lang wurden manche Zähne eines Tyrannosaurus Rex?

a) 10 cm
b) 20 cm
c) 30 cm

❶ *a)* Die Vögel sind eng mit den Dinosauriern verwandt. Manche Forscher stufen sie deshalb sogar als echte Dinos ein.

❷ *c)* Der längste bisher gefundene Zahn eines T. Rex war etwa so lang wie ein Schullineal, aber viel schmaler und schärfer.

!

1 Wie alt ist der älteste Baum der Erde?

a) 95 Jahre
b) 950 Jahre
c) 9.550 Jahre

2 Was war die höchste natürliche Außentemperatur, die jemals auf der Erde gemessen wurde?

a) 46,7 °C
b) 56,7 °C
c) 66,7 °C

?

❶ *c)* Das Alter der 9.550 Jahre alten Fichte *Old Tjikko* in Schweden wurde anhand einer Wurzelanalyse bestimmt.

❷ *b)* Die Rekordtemperatur von 56,7 °C wurde im Juli 1913 im Death Valley im US-Bundesstaat Kalifornien gemessen – und zwar im Schatten in einer Höhe von 1,5 m.

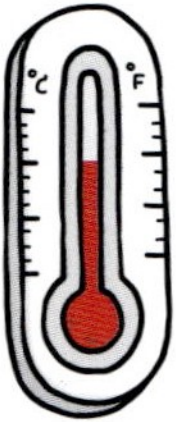

!

❶ Wie viele Sonnenaufgänge erleben die Astronauten der Internationalen Raumstation (ISS) innerhalb von 24 Stunden?

a) 1
b) 6
c) 16

❷ Mit welcher Geschwindigkeit hebt eine Weltraumrakete von der Erde ab?

a) 2.800 km/h
b) 28.000 km/h
c) 280.000 km/h

?

❶ *c)* Statt des Geldautomaten erwischten die Täter 1995 den Kontoauszugsdrucker, der für sie völlig wertlos war.

❷ *b)* Die Ausstrahlung der Science-Fiction-Geschichte „War of the Worlds“ („Krieg der Welten“) im Radio kam vielen Amerikanern so echt vor, dass sie aus Angst vor Marsmenschen davonrannten.

!

1 Womit verdiente der Trickbetrüger Victor Lustig viel Geld?

a) *Er versteigerte den Mond.*
b) *Er vermietete Luft.*
c) *Er verkaufte den Eiffelturm.*

2 Was gelang dem Italiener Tazio Gavioli mit der Kraft seiner kleinen Finger?

a) *23 Liegestütze*
b) *23 Klimmzüge*
c) *23 Dartwürfe*

?

❶ *c)* Mit erfundenen Geschichten legte Lustig jahrzehntelang Leute herein. Der vorgetäuschte Verkauf des Pariser Eiffelturms brachte ihm im Jahr 1925 etwa 50.000 US-Dollar ein.

❷ *b)* 2017 schaffte Gavioli – nur an den kleinen Fingern hängend – 23 Klimmzüge nacheinander.

1 Welches Merkmal der Wale deutet auf ihre Verwandtschaft mit uns Menschen hin?

a) Fingerknochen
b) Zehennägel
c) Ohrmuscheln

2 Wie schwer ist eine Riesenmuschel?

a) wie vier Katzenbabys
b) wie vier Menschenbabys
c) wie vier Elefantenbabys

❶ *a)* Wale sind Säugetiere, die sich an das Leben im Wasser angepasst haben. Die Fingerknochen in ihren Brustflossen sind übrig geblieben. Mit der schützenden Flossenhaut können sie besser durch das Wasser gleiten als mit einzelnen Fingern.

❷ *c)* Riesenmuscheln können bis zu 400 kg schwer werden.

!

❶ Wie viele ausgediente Satelliten kreisen als Weltraumschrott um die Erde?

a) 30
b) 300
c) 3.000

❷ Wo liegt die größte Wüste der Erde?

a) in der Antarktis
b) in Afrika
c) in Australien

?

❶ *c)* Neben den Satelliten kreisen noch viele andere Schrott-Teile um die Erde. In Zukunft sollen Raumsonden den Schrott mit Roboterarmen einsammeln und in die Erdatmosphäre befördern, wo er verglüht.

❷ *a)* Trotz ihrer dicken Eisschicht ist die Antarktis die trockenste Gegend und die größte Wüste der Erde.

❶ Welches ungefähre Gewicht hatte die Rüstung eines Ritters im 15. Jahrhundert?

a) 2,5 kg
b) 25 kg
c) 250 kg

❷ Gab es im Mittelalter auch weibliche Ritter?

a) ja
b) nein

❶ *b)* Eine Plattenrüstung mit Brustpanzer und Helm wog etwa so viel wie ein achtjähriges Kind.

❷ *a)* Obwohl es sich für Frauen damals nicht gehörte, verteidigten manche von ihnen in voller Rüstung ihre Heimat. Auch die berühmte Jeanne d’Arc (etwa 1412–1431) trug bei ihren Feldzügen eine Rüstung.

!

❶ Welche Weltmeisterschaft wird alljährlich in Deutschland ausgetragen?

a) *Kastanien-Hockey*

b) *Tomaten-Weitwurf*

c) *Kirschkern-Weitspucken*

❷ Was erforschte der US-amerikanische Wissenschaftler Justin O. Schmidt an sich selbst?

a) *Insektenstiche*

b) *Haiangriffe*

c) *Schlangenbisse*

?

❶ *c)* Die Meisterschaft findet jeden Sommer während der Annakirmes in Düren statt. Wer am weitesten spuckt, gewinnt. Die Besten schaffen mehr als 20 m!

❷ *a)* Der Insektenforscher Schmidt wurde bereits von über 150 Insektenarten gestochen. Die dadurch ausgelösten Schmerzen beschreibt er in seiner Stichschmerz-Skala.

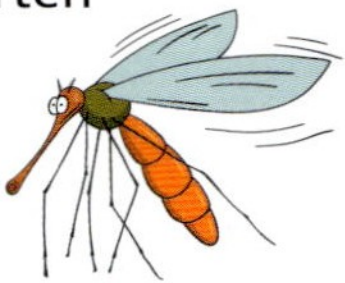

!

1 Welches Gewicht hatte die größte Schokoladentafel aller Zeiten?

a) 40 kg
b) 400 kg
c) 4.000 kg

2 Wie viele Zuckerwürfel stecken in einem Liter Cola?

a) 16
b) 36
c) 63

?

❶ *c)* Die armenische Süßwarenfirma *Grand Candy Company* stellte die gewichtige Tafel 2010 anlässlich ihres zehnjährigen Jubiläums her. Die Schokolade war 25 cm dick und über 5 m lang.

❷ *b)* Mit einem Glas Cola (250 ml) nimmst du also etwa neun Zuckerwürfel zu dir.

!

1 Wann hat ein Mensch die meisten Knochen?

a) als neugeborenes Baby

b) als 40-jähriger

c) als 80-jähriger

2 Mit welcher Haarlänge stellte die Chinesin Xie Qiuping 2004 einen Rekord auf?

a) 1,6 m

b) 3,6 m

c) 5,6 m

❶ *a)* Säuglinge haben etwa 300 Knochen. Weil einige davon im Lauf der Zeit zusammenwachsen, sind es später beim Erwachsenen nur noch etwa 210 Knochen.

❷ *c)* Die Haarlänge von 5,6 m wurde bisher nicht übertroffen. Qiuping ließ sich die Haare dafür 30 Jahre lang wachsen.

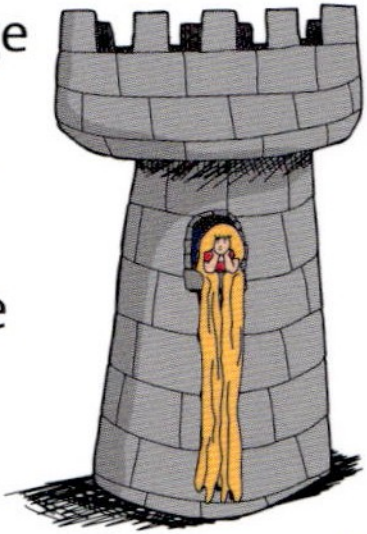

!

1 Welches ist das älteste Tier auf der Erde?

a) eine Schnecke
b) eine Schildkröte
c) ein Schwamm

2 Wie viel Nahrung nimmt ein Blauwal täglich zu sich?

a) 500 kg
b) 5.000 kg
c) 50.000 kg

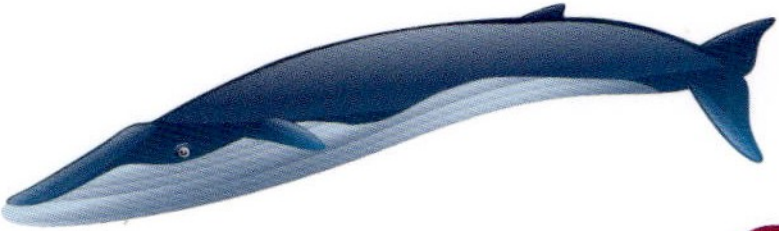

?

❶ *c)* Der Riesenschwamm *Anoxycalyx joubini* lebt tief unten im Südpolarmeer und ist nach Schätzungen etwa 10.000 Jahre alt.

❷ *b)* Der bis zu 30 m lange Blauwal vertilgt täglich Millionen von kleinen Krillkrebsen, die zusammen etwa 5.000 kg wiegen.

1 In welchem Alter segelte der Brite Michael Perham allein über den Atlantik?

a) mit 14 Jahren
b) mit 17 Jahren
c) mit 20 Jahren

2 Was merkte sich der deutsche Gedächtnissportler Boris Konrad 2013 in fünf Minuten und stellte damit einen Weltrekord auf?

a) 119 Farben
b) 119 Gerüche
c) 119 Wörter

?

❶ *a)* Perham startete im November 2006 in Gibraltar und kam nach einem sechswöchigen Abenteuer im Januar 2007 auf der Karibikinsel Antigua an.

❷ *c)* Einmal angeschaut und gemerkt: Der Informatiker und Physiker Konrad ist mehrfacher Weltmeister im Gedächtnissport.

1 Wie alt war die Britin Doris Long, als sie sich etwa 100 m an einem Gebäude abseilte?

a) 1 Jahr
b) 11 Jahre
c) 101 Jahre

2 Welches Festival findet alljährlich in Südkorea statt?

a) Schlammfestival
b) Qualmfestival
c) Sandfestival

?

❶ *c)* Mit 85 Jahren begann Long mit dem Abseilen, mit 101 Jahren seilte sie sich noch einmal über 100 m ab. Long starb 2019 im Alter von 104 Jahren.

❷ *a)* Dabei suhlen sich die Teilnehmer nach Herzenslust im Schlamm.
Zu dem Festival gehören auch Straßenparaden und Feuerwerke.

1 Wie viele Muskeln hat ein Mensch?

a) etwa 65
b) etwa 650
c) etwa 6.500

2 Wie kommen wilde Feigenbäume in Südafrika an Wasser?

a) Sie holen es aus der Erde.
b) Sie fangen es auf.
c) Sie saugen es aus der Luft.

?

❶ *b)* Manche Muskeln wie die Magen- und Herzmuskeln können wir nicht steuern. Andere setzen wir gezielt für unsere Bewegungen ein.

❷ *a)* Um in der Dürre an Wasser zu kommen, lassen die Bäume ihre Wurzeln bis zu 120 m in die Tiefe wachsen. Dabei dringen sie sogar durch festes Gestein.

1 **Wovor fürchten sich Menschen mit Triskaidekaphobie?**

a) vor Hungersnot
b) vor Schlangen
c) vor der Zahl 13

2 **Wie viele Seiten hat das dickste Buch der Welt?**

a) 400
b) 4.000
c) 40.000

?

❶ *c)* Wegen der abergläubischen Angst vor der 13 fehlt in Hochhäusern oft die 13. Etage und in Flugzeugen die 13. Sitzreihe. Es wurde aber nie bewiesen, dass die Zahl 13 wirklich Unglück bringt.

❷ *b)* Das Buch ist 32 cm dick, wiegt 8 kg und enthält alle 32 *Miss Marple*-Geschichten von Agatha Christie.

1 Welche durchschnittliche Dicke hat das Eis auf dem antarktischen Festland?

a) 20 m
b) 200 m
c) 2.000 m

2 Welcher Fluss ist der längste der Welt?

a) Mississippi
b) Nil
c) Rhein

❶ *c)* Der antarktische Eisschild ist an manchen Stellen sogar mehr als 4.000 m dick. Mit 12.300.000 km^2 Fläche ist er größer als die USA.

❷ *b)* Mit einer Länge von fast 7.000 km ist der Nil der längste Fluss der Erde. Er fließt durch Afrika und mündet in Ägypten ins Mittelmeer.

!

1. Wie viele Wörter gibt es in der deutschen Gegenwartssprache?

a) 3.000–5.000
b) 30.000–50.000
c) 300.000–500.000

2. Der Hip-Hop-Sänger *Eminem* ist für seine schnellen Raps bekannt. Wie lang braucht er in einem Song für etwa 220 Wörter?

a) 30 Sekunden
b) 60 Sekunden
c) 90 Sekunden

?

❶ *c)* Von Hunderttausenden Wörtern verwenden die meisten von uns im Alltag aber nur etwa 15.000.

❷ *a)* In seinem 2020 veröffentlichten Song *Godzilla* übertrifft der US-amerikanische Rapper seinen eigenen Geschwindigkeitsrekord: Er schafft mehr als zehn Silben pro Sekunde.

❶ Wie viel wiegen die schwersten Vogeleier?

a) 250 g
b) 2.500 g
c) 25.000 g

❷ Wo gibt es Säugetiere, die Eier legen?

a) in Australien und Neuseeland
b) in den Polarmeeren
c) in Mittel- und Südamerika

?

❶ *b)* Die schwersten Eier stammen von Straußen und können bis zu 20 cm lang und 2,5 kg schwer sein.

❷ *a)* In Australien und Neuseeland gibt es zwei Gruppen dieser Säugetiere: Ameisenigel und Schnabeltiere. Wenn ihre Jungen aus den Eiern geschlüpft sind, versorgen die Weibchen sie mit Muttermilch.

1 Wo liegt die längste Bergkette der Erde?

a) in den Alpen
b) im Himalaja
c) unter der Meeresoberfläche

2 Wie lange brauchte 1943 der mexikanische Vulkan Paricutín, um sich 50 m hoch aufzutürmen?

a) zwei Sekunden
b) zwei Tage
c) zwei Wochen

?

❶ *c)* Der Mittelatlantische Rücken ist eine 20.000 km lange Bergkette im Atlantik. Das längste Gebirge über dem Meeresspiegel sind mit 7.500 km die Anden.

❷ *b)* Nach zwei Tagen war der Vulkan 50 m hoch, nach einer Woche 150 m und nach neun Jahren 424 m. Seitdem ist er nicht mehr gewachsen.

1 Welche Raubkatzen haben schon gemeinsam Nachwuchs bekommen?

a) Löwe und Tiger
b) Leopard und Luchs
c) Jaguar und Puma

2 Was ist ein Pillenwerfer?

a) ein Käfer
b) ein Pilz
c) ein Baum

?

❶ *a)* Nachkommen von Löwenmännchen und Tigerweibchen nennt man Liger, die Jungen von Tigermännchen und Löwenweibchen Töwen. Beide Kreuzungen kommen nur in Gefangenschaft vor.

❷ *b)* Der kleine Pilz schleudert seine winzigen, rundlichen Sporen viele Meter weit – daher der Name.

1 Was beförderte der Riesenhubschrauber *Mi-26* im Jahr 1999?

a) ein 20.000 Jahre altes Woll-haarmammut
b) einen 50.000 Jahre alten Bergkristall
c) eine 1.000 Jahre alte Riesenmuschel

2 Wie lang dauerte der erste Flug in einem motorisierten Flugzeug?

a) 1,2 Sekunden
b) 12 Sekunden
c) 120 Sekunden

?

❶ *a)* Die Überreste des Mammuts wurden 1999 in einem riesigen Eisklotz von der Fundstätte in Sibirien abtransportiert.

❷ *b)* Den US-amerikanischen Brüdern Wright gelang im Dezember 1903 mit ihrem *Wright Flyer I* der erste motorisierte Flug. Er endete nach zwölf Sekunden und 37 m.

!

1 Womit stellte eine Gruppe von Österreichern im Februar 2020 einen neuen Rekord auf?

a) mit einem Schneemann
b) mit einer Skipyramide
c) mit einem Eiszapfen

2 Wer zählte zu den ungewöhnlichen Haustieren des Malers Dalí?

a) ein Pinseläffchen
b) ein Ozelot
c) eine Tarantel

?

❶ *a)* Der 38,04 m hohe Schneemann *Riesi* übertraf die vorherige Rekordhalterin *Olympia*, die es 2008 im US-Bundesstaat Maine auf 37,21 m gebracht hatte.

❷ *b)* Der berühmte Maler Salvador Dalí hatte eine Vorliebe für exotische Haustiere. Die gefleckte Wildkatze mit dem Namen Babu begleitete ihn sogar auf Reisen.

1 Wie lang war der längste bisher gefundene Dinoknochen?

a) 24 cm
b) 240 cm
c) 2.400 cm

2 Wie gelangten die Dinosaurier im Erdzeitalter Trias von einem Erdteil zum nächsten?

a) Sie liefen.
b) Sie flogen.
c) Sie schwammen.

?

❶ *b)* Der 2014 in Argentinien entdeckte Oberschenkelknochen stammt von einem Dino, der vermutlich über 35 m lang war.

❷ *a)* Damals bildeten die Landmassen der Erde einen einzigen Riesenkontinent, den wir Pangäa nennen. Ohne trennende Meere konnten die Dinos ungehindert überall hinlaufen.

1 Welches ist das giftigste Tier auf der Erde?

a) eine Qualle
b) eine Schlange
c) eine Echse

2 Aus wie vielen Tieren bestand der größte bekannte Heuschreckenschwarm?

a) 120.000
b) 1,2 Millionen
c) 12 Billionen

?

❶ *a)* Die Seewespe ist eine Würfelqualle, die an der australischen Pazifikküste lebt. Schon eine flüchtige Berührung kann einen Menschen töten.

❷ *c)* 1875 fiel ein Schwarm von über 12.000.000.000.000 Heuschrecken über Nordamerika her. Die Insekten fraßen eine Fläche von 520.000 km^2 kahl, das ist ungefähr so groß wie Spanien.

!

1 Was brachte Walter Morrison auf die Idee, eine Flugscheibe für Spiel und Sport zu entwickeln?

a) eine Kuchenform
b) ein Pizzateller
c) eine Radfelge

2 Womit hatte der Maler Wolfgang Beltracchi jahrelang Erfolg?

a) mit verbotenen Graffitis
b) mit lebenden Skulpturen
c) mit gefälschten Bildern

?

❶ *a)* In den 1940er-Jahren sah Morrison Kinder, die Kuchenformen der *Frisbie Pie Company* durch die Luft warfen. Darauf entwickelte er eine Flugscheibe, die später *Frisbee®* genannt wurde.

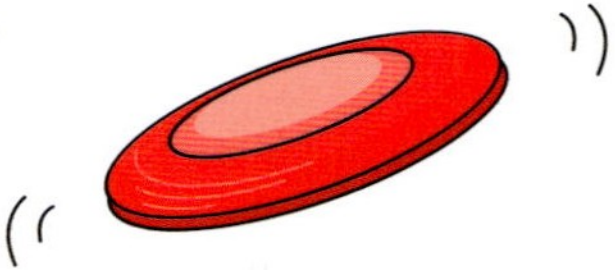

❷ *c)* Mit Bildern im Stil bekannter Künstler verdiente Beltracchi Millionen, bis der Schwindel 2010 aufflog.

1 Wie zeigt eine Honigbiene ihrem Volk den Weg zu einer Nahrungsquelle?

a) Sie fliegt.
b) Sie summt.
c) Sie tanzt.

2 Wie viel Honig erzeugt eine Biene im Lauf ihres Lebens?

a) 2–3 g
b) 20–30 g
c) 200–300 g

?

❶ *c)* Mit einer besonderen Tanzsprache informiert die Biene ihre Artgenossinnen darüber, wo lohnende Nahrungsquellen zu finden sind.

❷ *a)* Im Lauf ihres Lebens erzeugt eine Bienenarbeiterin nicht mehr als 3 g Honig, auch wenn sie noch so fleißig ist.

1 Wie lang ist die längste Limousine der Welt?

a) 10 m
b) 20 m
c) 30 m

2 Für welchen Einsatz brauchte die Feuerwehr in Dresden rund 20 Einsatzkräfte und einen Kleinbagger?

a) für einen Hund im Fuchsbau
b) für eine Maus in der Dachrinne
c) für eine Katze im Gully

?

❶ *c)* Die Limousine ist so lang wie eine Turnhalle, hat 26 Räder und wird unter anderem für Filmaufnahmen verwendet.

❷ *a)* Der Besitzer rief die Feuerwehr, weil sein Dackel in einem Fuchsbau feststeckte. Als man mit Schaufeln nicht weiterkam, hob ein Bagger ein riesiges Erdloch aus und befreite den Hund.

1 Was kündigte die Schnellrestaurantkette *Burger King*® am 1. April 1998 an?

a) einen Burger für Linkshänder
b) einen Burger für Bartträger
c) einen Burger für Frauen

2 Welchen Durchmesser hatte die größte Kaugummiblase aller Zeiten?

a) 38,4 cm
b) 48,4 cm
c) 58,4 cm

❶ *a)* Zur Enttäuschung vieler Kunden war der Linkshänder-Burger mit seitenverkehrter Belegung nichts anderes als ein Aprilscherz.

❷ *c)* Den Weltrekord für die größte Kaugummiblase stellte 1994 die inzwischen verstorbene Amerikanerin Susan Montgomery Williams auf.

❶ **Womit zog der Inder Manjit Singh einen Doppeldeckerbus 21,2 m weit?**

a) mit seinen Haaren
b) mit seinen Fingern
c) mit seinen Zähnen

❷ **Wie lang wären die aneinandergereihten Blutgefäße eines erwachsenen Menschen?**

a) 100 km
b) 1.000 km
c) 100.000 km

?

❶ *a)* Singh stellte 2009 einen Rekord auf, indem er einen 8,5 t schweren Londoner Doppeldeckerbus mit seinen Haaren 21,2 m weit zog.

❷ *c)* Um alle Körperteile zu versorgen, sind unsere Blutgefäße fein verzweigt. So kommt die enorme Länge von 100.000 km zusammen.

!

❶ Welchen Durchmesser hatte das größte Hagelkorn?

a) 10 cm
b) 20 cm
c) 30 cm

❷ Welche Geschwindigkeit erreichte der bisher stärkste Wirbelsturm auf der Erde?

a) 150 km/h
b) 250 km/h
c) 350 km/h

❶ *b)* Das Hagelkorn in der Größe eines Fußballs wurde im Juli 2010 in South Dakota (USA) gefunden.

❷ *c)* Der Hurrikan Wilma fegte im Oktober 2005 mit Böen bis zu 350 km/h über die mexikanische Halbinsel Yucatán und über Florida hinweg und verursachte große Schäden.

❶ Welche Temperatur haben die kältesten Sterne im Universum?

a) –250 °C
b) 25 °C
c) 250 °C

❷ Wie lange brauchte die Raumsonde *New Horizons* für ihre Reise von der Erde zum Pluto?

a) 9 Tage
b) 9 Monate
c) 9 Jahre

?

❶ *b)* Sterne der Spektralklasse Y sind an ihrer Oberfläche 25–170 °C warm. Unsere Sonne bringt es dagegen auf 5.500 °C.

❷ *c)* Die Raumsonde startete im Januar 2006, kam nach neun Tagen am Mond vorbei und erreichte Pluto nach 4,9 Milliarden Kilometern im Juli 2015. Nach dem Vorbeiflug sendete sie Daten und Bilder vom Pluto zur Erde.

1 Als Polizisten nach einem Einbruch den Ausweis der Bewohnerin prüften, staunten sie, denn die Frau war ...

a) 130 Jahre alt
b) längst für tot erklärt worden
c) eine gesuchte Mörderin

2 Was wurde einem Einbrecher in Köln zum Verhängnis?

a) sein Appetit auf Süßes
b) seine Eitelkeit
c) seine Müdigkeit

?

❶ *b)* Die Frau war als 24-Jährige verschwunden. Man vermutete ein Gewaltverbrechen und erklärte sie für tot. Tatsächlich lebte sie aber 31 Jahre lang unter falschem Namen weiter.

❷ *a)* Der Täter ließ sich 2019 bei einem Einbruch von einer Torte verlocken. Sein Fingerabdruck auf der Glasur führte später zur Festnahme.

!

1 Welche Schulterhöhe hat der größte Hund der Welt?

a) 93 cm
b) 103 cm
c) 113 cm

2 Welche Tiere leben dauerhaft in einer Höhe von 6.700 m?

a) Springspinnen
b) Bergzecken
c) Felsmolche

❶ *b)* Mit 103 cm Schulterhöhe ist die Dogge Freddy aus Großbritannien größer als manches Pony.

❷ *a)* Oberhalb von 6.000 m kann wegen der eisigen Temperaturen und des geringen Luftdrucks kaum ein Tier dauerhaft leben. Wie die Springspinnen im Himalaja das meistern, ist ihr Geheimnis.

1 Wie lange braucht der Riesenbambus, um 1 m zu wachsen?

a) eine Stunde
b) einen Tag
c) ein Jahr

2 Welchen Durchmesser hat die größte Blüte der Welt?

a) 0,1 m
b) 1 m
c) 10 m

❶ *b)* Der Riesenbambus wächst pro Tag bis zu 1 m. Mit 30–40 m Höhe ist er ausgewachsen.

❷ *b)* Die bis zu 11 kg schweren Blüten der südostasiatischen Riesenrafflesie verströmen allerdings einen unangenehmen Geruch. Die Blüten sind ungefähr eine Woche geöffnet, dann zerfallen sie zu schwarzem Schleim.

1 Wem wich der Trauerschwan Petra im westfälischen Aasee jahrelang nicht von der Seite?

a) einer Boje
b) einem Tretboot
c) einem Rettungsring

2 Wie weit kommt die schnellste Schnecke in einer Minute?

a) 3 m
b) 6 m
c) 12 m

?

❶ *b)* Schwan Petra folgte jahrelang einem Tretboot in der Form eines riesigen Schwans. Später schloss sich Petra dann doch einem echten Schwanenmännchen an.

❷ *c)* Manche Meeresschnecken können bis zu 12 m pro Minute zurücklegen. Landschnecken schaffen in der gleichen Zeit höchstens 11 cm.

1 Wie schnell flog das schnellste Flugzeug aller Zeiten?

a) 1.500 km/h

b) 3.500 km/h

c) 5.500 km/h

2 Welche 250 m hohe Attraktion steht auf der Insel *Bluewaters* in Dubai?

a) ein Riesenrad

b) eine Riesenrutsche

c) eine Riesenschaukel

❶ *b)* 1976 flog das US-amerikanische Aufklärungsflugzeug *Lockheed SR-71* mit 3.529,6 km/h mehr als dreimal so schnell wie ein Passagierflugzeug.

❷ *a)* Das neu gebaute Riesenrad befördert die Fahrgäste mit Glasgondeln in luftige Höhen. Eine Runde dauert etwa 45 Minuten.

1 In welcher Sportart fand 2002 die erste Weltmeisterschaft statt?

a) Extrembügeln
b) Tiefseespülen
c) Gletscherwaten

2 Seit wann dürfen Frauen in der Schweiz bei politischen Wahlen abstimmen?

a) 1921
b) 1951
c) 1971

?

❶ *a)* Beim Extrembügeln befördern die Sportler Bügeleisen und Bügelbretter an die abenteuerlichsten Orte, zum Beispiel ins Hochgebirge oder auf den Meeresgrund, um dort Wäsche zu bügeln.

❷ *c)* Die Schweiz führte das Frauenwahlrecht als eines der letzten europäischen Länder erst 1971 ein.

❶ Welches Leiden hielt Ludwig van Beethoven nicht von weiteren genialen Kompositionen ab?

a) Er wurde taub.
b) Er wurde blind.
c) Er wurde verrückt.

❷ Was kostete die teuerste Geige aller Zeiten?

a) 1 Million Euro
b) 11 Millionen Euro
c) 111 Millionen Euro

?

❶ *a)* Beethoven wurde mit 27 Jahren schwerhörig und war mit 48 Jahren völlig taub. Trotzdem komponierte er noch viele mitreißende Werke.

❷ *b)* Die 1721 vom legendären Geigenbauer Stradivari gefertigte Geige *Lady Blunt* wurde 2011 für 9,8 Millionen Pfund (etwa 11 Millionen Euro) versteigert.

1 Welche Tiere sorgen am New Yorker Flughafen John F. Kennedy immer wieder für Verspätungen?

a) Ameisen
b) Nacktschnecken
c) Schildkröten

2 Woran kletterte der Deutsche Maiko Kiesewetter für einen Rekord 5 m in die Höhe?

a) an Dartpfeilen
b) an Kühlschrankmagneten
c) an Stricknadeln

?

❶ *c)* Auf dem Weg zur Eiablage am Strand kriechen im Sommer manchmal Scharen von Schildkröten über die Startbahnen. Da müssen die Fluggäste schon mal warten!

❷ *a)* 2009 stellte Kiesewetter einen Rekord auf, als er Dartpfeile an eine Holzwand warf und an den Pfeilen hochkletterte.

1 Wie viele Federn hat ein Zwergschwan im Winter?

a) etwa 250
b) etwa 2.500
c) etwa 25.000

2 Was sind Korallen?

a) Pflanzen
b) Tiere
c) Pilze

?

❶ *c)* Das dichte Gefieder schützt den Zwergschwan vor der Kälte in seiner arktischen Heimat.

❷ *b)* Steinkorallen leben in festen Kalkhüllen. Nach dem Tod der winzigen Korallentiere bleibt ihr Kalkskelett übrig. So entstehen im Lauf der Zeit riesige Korallenriffe.

!

❶ In welchem Land stehen die meisten Pyramiden?

a) Ägypten
b) Kenia
c) Sudan

❷ Was konnte der Wikinger Orm Storolfson vor 1.000 Jahren drei Schritte weit tragen?

a) einen 900 kg schweren Felsbrocken
b) einen 650 kg schweren Schiffsmast
c) einen unbequemen Eisenhelm

?

❶ *c)* In dem afrikanischen Land Sudan gibt es mehr als 250 erhaltene Pyramiden, in Ägypten nur etwa 80.

❷ *b)* Dieser alte Wikingerrekord bestand 1.000 Jahre lang, bis der Schauspieler Hafthór Björnsson 2015 einen ähnlichen Mast sogar fünf Schritte weit schleppte.

!